Sekundarstufe

Friedhelm Heitmann

Archäologie

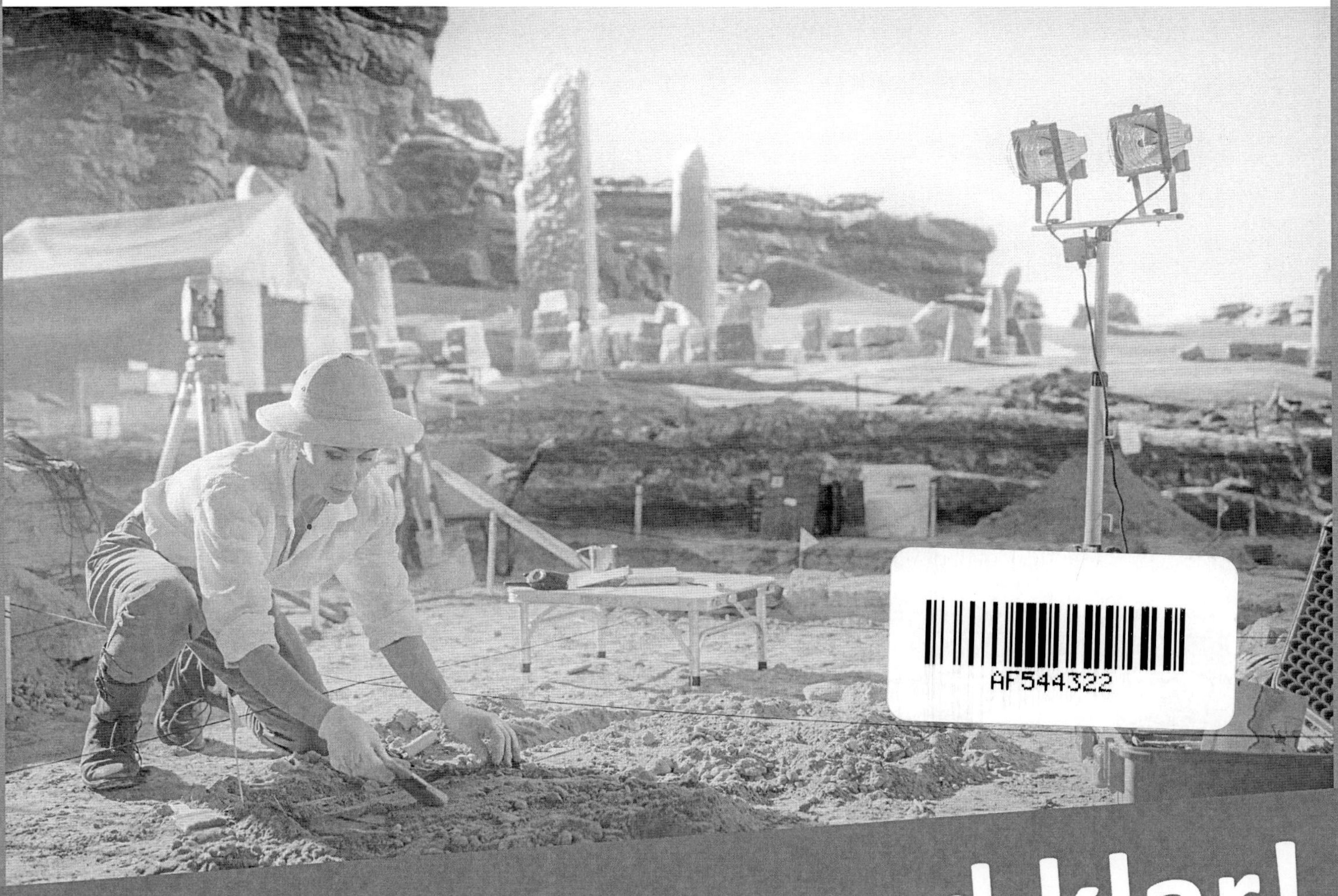

Kurz, knapp und klar!

Schnelles und zielgerichtetes Wissen

www.kohlverlag.de

Archäologie – Kurz, knapp und klar!

Schnelles und zielgerichtetes Wissen

1. Auflage 2024

Inhalt: Friedhelm Heitmann
Coverbild: © Gorodenkoff- AdobeStock.com
Redaktion: Kohl-Verlag
Grafik & Satz: Kohl-Verlag
Druck: Druckhaus Flock, Köln

Bestell-Nr. 13 103

ISBN: 978-3-98841-205-8

Bildquellen © AdobeStock.com:

S.2: Africa Studio; S. 4: tigatelu; S. 6: Seahorsevector, Happypictures, PCH.Vector, Iryna Petrenko; S. 7: Juulijs; S. 9: mobilise248; S. 13: ivan canavera; S. 20: rottenman; S. 24: LadadikArt; S. 26: Gareth Jones - ZA; S. 28: luca manieri, fottoo, Алексей Круглов, Andy Ilmberger, nonneestudio, doomu; S. 29: Luka, AWesleyFloyd, Destina, Cristina, Manfred Herrmann, serge114; S. 30: Iurii Kachkovskyi, alexsol, Lusi_mila, sweetok, Perfect PNG; S. 32: JackF; S. 33: henryart; S. 34: Verzh; S. 36: Gareth Jones - ZA

Wikipedia:

S. 5: Bullenwächter; S.7; S. 10; S. 11: Prof. emeritus Hans Schneider; S. 12: Nicolas von Kospoth; S. 14: Alex_Lokilech; S. 16: Gesellschaft zur Förderung der Bodendenkmalpflege im Kreis Minden-Lübbecke, Archaecopteryx; S. 17: Filipe Castro; S. 18: Anthony Roll, Mary Rose Trust; S. 19: Saperaud, Panairjdde; S. 23: Archäoautor; S. 25: Dbachmann; S. 30: Alamannen-Museum;

Clipart.com: S. 26

Inhaltsverzeichnis

Vorwort ... 4

1 Archäologie (Einführung) ... 5

2 Zeitleiste: Zeitabschnitte der Vergangenheit ... 6

3 Kurze Geschichte der Archäologie ... 7 – 8

4 Ausgrabungen ... 9

5 Die Siedlung Heuneburg ... 10

6 Spuren der Römer in Deutschland ... 11 – 12

7 Metalldetektoren ... 13

8 Bodenradare ... 14

9 Luftbildarchäologie ... 15 – 16

10 Unterwasserarchäologie ... 17 – 18

11 Archäologische Funde von A bis Z ... 19

12 Wie heißt der Fund? Ein Ratespiel ... 20

13 Altersbestimmungen der archäologischen Funde ... 21

14 Zustand von archäologischen Funden ... 22

15 Ötzi, der Mann aus dem Eis ... 23

16 Archäologen, Grabungstechniker, Grabungshelfer, Hobbyarchäologen und der Besitz von archäologischen Funden ... 24

17 Die Himmelsscheibe von Nebra ... 25

18 Ein Puzzle ... 26

19 Spiel mal Archäologe! Ein Suchspiel ... 27 – 31

20 Wir besuchen ein Museum ... 32

21 Wir schnitzen kleine Einbäume ... 33

22 Entscheide dich – wähle Arbeitsaufträge aus! ... 34

23 Lösungen ... 35 – 36

Vorwort

„Es ist wichtig aus der Vergangenheit zu lernen und die Zukunft zu planen."

Allan Ballmann

Liebe Kolleginnen, liebe Kollegen,

in deutschen allgemeinbildenden Schulen findet der Themenbereich Archäologie bisher (fast) keine Beachtung. Wenn überhaupt, so wird der angesprochene Themenbereich allenfalls in manchen Schulgeschichtsbüchern auf ganz wenigen Seiten behandelt. Dies gilt es zu verändern, zu verbessern.

Dazu soll der vorliegende Band beisteuern, der für den Einsatz in der Sekundarstufe I allgemeinbildender Schulen bestimmt ist. Zielsetzung des Bandes ist, den Schülern elementare, grundlegende Kenntnisse über Archäologie zu vermitteln, keine Detailkenntnisse. Es kommt darauf an, bei den Heranwachsenden Interesse und Verständnis für Archäologie zu wecken.

Die Archäologie leistete und leistet immer noch wesentliche Beiträge zur Erforschung sowie Kenntnis der Vergangenheit (≈ Geschichte). Aus der Vergangenheit lässt sich lernen …

Der dargebotene Band bietet zum einen relativ kurze, allgemeinverständliche Informations-Blätter. Zu den Texten gibt es abwechslungsreiche Arbeitsaufgaben. Im Weiteren hält der Band u. a. einige Spiele zum Thema Archäologie bereit (Näheres siehe Inhaltsverzeichnis).

Sollten Sie im Band Fehler entdecken, so sei für Hinweise darauf im Voraus gedankt, zudem für sonstige Verbesserungsvorschläge zum Werk. Viel Erfolg bei der Verwendung der Materialien im Unterricht wünschen das Team des Kohl-Verlags und

Friedhelm Heitmann

1 Archäologie (Einführung)

Archäologie ist ein Fremdwort. Der Ursprung dieses Wortes liegt in der griechischen Sprache: archaios (griech.) = alt + logos (griech.) = Lehre, Kunde

In so einigen Büchern sowie digitalen Medien wird für die Archäologie kurzum auch der Begriff Altertumskunde gebraucht. Doch diese Bezeichnung irritiert zum Teil. Die Wissenschaft Archäologie befasst sich keineswegs nur mit dem Altertum (= Zeit von ca. 3000 v. Chr. bis ca. 500 n. Chr.). Die Archäologie behandelt auch Zeiten vor und nach dem Altertum.

Originalgetreue Rekonstruktion des **Kupferbeils** des Ötzi (Gletschermumie, Kupfersteinzeit, 1991 in Ötztaler Alpen gefunden, ca. 3200/3300 v. Chr.)

In der Archäologie geht es um alte Dinge/Funde aus der Geschichte der Menschheit. Gesucht wurde/wird nach Überresten aus der Vergangenheit: Werkzeugen, Bausteinen, Knochen und vieles andere mehr. Aus den Funden lassen sich Informationen bzw. Rückschlüsse u. a. auf die Lebensweise früher lebender Menschen gewinnen.

Die Archäologie leistet einen wesentlichen Beitrag zur Erforschung der Geschichte der Menschen. Besonders hilfreich sind archäologische Funde für die Geschichte (= Historie[1]) bezogen auf Zeiten, aus denen es keine oder nur (sehr) wenige schriftliche Quellen gibt. Wissenschaftler, deren Fachgebiet die Archäologie ist, nennt man Archäologen.

Aufgabe: *Du hast den Text gelesen. Was kannst du nun einführend zum Thema Archäologie sagen? Schreibe eigene Sätze.*

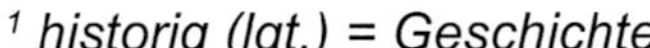

[1] *historia (lat.) = Geschichte*

KOHL VERLAG Archäologie – Kurz, knapp und klar! Schnelles und zielgerichtetes Wissen – Bestell-Nr. 13 103

2 Zeitleiste: Zeitabschnitte der Vergangenheit

Altertum
(ca. 3000 v. Chr. – 500 n. Chr.)

Ur- und Frühgeschichte

Antike
(ca. 1000 v. Chr. – 500 n. Chr.)

Mittelalter
(ca. 500 n. Chr. – 1450/1500 n. Chr.)

Neuzeit

3000 v. Chr. | 2000 v. Chr. | 1000 v. Chr. | 500 n. Chr. | 1500 n. Chr. | 2000 n. Chr.

Zeit vor Christus | Zeit nach Christus

Aufgabe:

a) *Bis ca. wann dauerte die Ur- und Frühgeschichte?*

____

b) *Von ca. wann bis wann dauerte das Altertum?*

____

c) *Von ca. wann bis wann dauerte die Antike?*

____

d) *Von ca. wann bis wann dauerte das Mittelalter?*

____

e) *Ca. wann begann die Neuzeit?*

____

3 Kurze Geschichte der Archäologie

Die Archäologie ist keine junge, sondern eine bereits alte Wissenschaft. In Europa gab es Anfänge der Archäologie mit Beginn der Frühen Neuzeit ab dem 15. Jahrhundert. Im Zeitalter der Renaissance[1] (15. und 16. Jahrhundert) bestand ein besonderes Interesse am Altertum. Das Interesse galt vor allem der griechischen und römischen Kultur (→ Antike[2]).

Daraus entstand und entwickelte sich die sogenannte klassische Archäologie, die Suche nach archäologischen Zeugnissen aus der Antike. In Deutschland wurde Johann Joachim Winckelmann (1717-1768) zum Begründer der klassischen Archäologie.

Johann Joachim Winckelmann

Heinrich Schliemann

In nachfolgender und späterer Zeit gewann die Archäologie (allmählich) mehr und mehr an Bedeutung. Das Interesse und die Arbeit der Archäologen weiteten sich auf andere Gebiete aus. Als heutzutage wohl bekanntester deutscher Archäologe der Vergangenheit zählt Heinrich Schliemann (1822-1890). Zusammen mit Helfern entdeckte er u. a. die in der heutigen Türkei gelegene sagenhafte Siedlung Troja und dabei Goldschätze.

In den vergangenen Jahrhunderten wurden (leider) etliche archäologische Funde (z. B. Großgräber) von Menschen zerstört bzw. beschädigt, indem Materialien der Funde entnommen und u. a. verwendet wurden für den Bau von Häusern, Straßen … Zwielichtige Personen bereicherten sich durch Raub von archäologischen Funden oder versuchten es zumindest …

[1] *renaissance (franz.) = Wiedergeburt, Wiedererwachen*
[2] *antiquus (lat.) = alt*

KOHL VERLAG Archäologie – Kurz, knapp und klar! Schnelles und zielgerichtetes Wissen – Bestell-Nr. 13 103

3 Kurze Geschichte der Archäologie

Aufgabe: **a)** *Stimmt oder stimmt nicht? Kreuze an: Welche Aussagen sind richtig, welche falsch?*

		Richtig:	Falsch:
1.	Die Archäologie ist eine noch junge Wissenschaft.		
2.	Die klassische Archäologie befasste sich mit den Relikten[1] aus der Antike.		
3.	Mit der antiken Kultur ist die der Griechen und Römer gemeint.		
4.	Das Wort Antike kommt ursprünglich aus der griechischen Sprache.		
5.	J. J. Winckelmann, der Begründer der klassischen Archäologie in Deutschland, lebte im 17. Jahrhundert.		
6.	H. Schliemann fand zusammen mit Helfern im 19. Jahrhundert die im heutigen Griechenland gelegene Siedlung Troja.		
7.	Auch entdeckten H. Schliemann und Helfer Goldschätze.		
8.	Im Laufe der Zeit gewann die Archäologie zunehmend an Bedeutung.		
9.	Durch Menschen wurden glücklicherweise keine archäologischen Funde zerstört oder beschädigt.		
10.	Manche Personen bereicher(t)en sich durch den Raub von archäologischen Funden.		

b) *Verbessere jetzt schriftlich die falschen Aussagen.*

[1] *Relikt = Überbleibsel, Rest; relictum (lat.) = zurückgelassen*

KOHL VERLAG Archäologie – Kurz, knapp und klar! Schnelles und zielgerichtetes Wissen – Bestell-Nr. 13 103

4 Ausgrabungen

Aufgabe: *Setze die 10 Wörter aus dem Kasten in den Sätzen an den richtigen Stellen ein.*

Arbeitsgeräten – Bedeutung – Bruchstücke – Erdboden – Ergebnisse – Erkenntnisse – Millimeterarbeit – Pinsel – Schicht – Vorsicht

1. *In der Archäologie haben Ausgrabungen (≈ Grabungen) eine große ______________________________.*
2. *Durch Ausgrabungen gewannen Archäologen wesentliche Kenntnisse und ______________________ über die Vergangenheit.*
3. *Überaus zahlreiche Gegenstände wurden im ______________ gefunden.*
4. *Bei archäologischen Ausgrabungen wurde und wird der Erdboden Schicht für ____________________________ abgetragen.*
5. *Besondere ______________ ist angebracht, damit Fundstücke nicht zerbrechen.*
6. *Zu den archäologischen ____________________ bei Ausgrabungen gehören Spaten, Handschaufeln, Spitzkellen, Löffel, Siebe, Pinsel …*
7. *______________________ z. B. dienen in der Archäologie für die Feinarbeit, um kleine oder winzige Funde freizulegen und zu reinigen.*
8. *Gesagt wird, Archäologie sei ____________________________.*
9. *Die ____________________ der Ausgrabungen werden sehr genau notiert, inzwischen meistens digital.*
10. *Oftmals entdeckt man bei Ausgrabungen nur ____________________ von alten Dingen.*

KOHL VERLAG Archäologie – Kurz, knapp und klar! Schnelles und zielgerichtetes Wissen – Bestell-Nr. 13 103

5 Die Siedlung Heuneburg

Die Geschichte verdankt der Archäologie zahlreiche Kenntnisse sowie Erkenntnisse. Etliche archäologische Funde belegen, dass in vorchristlicher Zeit am oberen Lauf der Donau einst eine prächtige Siedlung der Kelten bestand (gelegen im heutigen Bundesland Baden-Württemberg).

Diese ehemalige Siedlung trägt in der heutigen Zeit den Namen Heuneburg. Möglicherweise ist die Siedlung identisch[1] mit der vom griechischen Geschichtsschreiber Herodot (ca. 482 bis 429 v. Chr.) erwähnten Stadt Pyrene. Die Heuneburg gilt in Europa als erste nördlich der Alpen gelegene städtische Siedlung.

Modell: Bau von Gebäuden und Lehmziegelmauer, frühes 6. Jh. v. Chr.

Um 620 v. Chr. soll die Heuneburg als eine befestige städtische Siedlung (≈ Stadt) entstanden sein. Etwa 450 v. Chr. soll sie wieder aufgegeben worden sein, vermutlich nach einem großen Brand. Archäologen entdeckten auf einer vorspringenden Hochfläche in ungefähr 60 m Höhe über dem Tal der Donau Reste der Burganlage. Angenommen wird, ein keltisches Adelsgeschlecht hatte hier seinen Sitz. Aufgrund von diversen kostbaren Funden im Erdboden (Tongefäße, Schmuck, Waffen …) wird der Heuneburg eine sehr große Bedeutung als frühes Handels- und Machtzentrum zugeschrieben. Im Weiteren weisen archäologische Funde darauf hin: Ebenfalls die nahe Umgebung und das Umland waren in der „Blütezeit" der Heuneburg dicht besiedelt.

Aufgabe: *Besorge dir im Internet weitere Informationen über die Heuneburg. Notiere die erhaltenen Informationen in eigenen Sätzen.*

____

____

____

____

____

____

[1] identisch = gleich, übereinstimmend; idem (lat.) = derselbe, dasselbe

KOHL VERLAG Archäologie – Kurz, knapp und klar! Schnelles und zielgerichtetes Wissen – Bestell-Nr. 13 103

6 Spuren der Römer in Deutschland

Ehemals gehörten Gebiete des heutigen Deutschlands – und zwar im Westen, Südwesten sowie Süden des Landes – als Provinzen[1] zum Römischen Reich. Die Römer ließen in ihren Provinzen, aber auch darüber hinaus Spuren ihres Wirkens zurück. Deutsche Städte wie Köln, Trier, Mainz, Speyer, Augsburg, Regensburg ... gingen hervor aus zuvor römischen Städten, Ansiedlungen oder Militärlagern. Als längstes und zugleich größtes Bauwerk im deutschen Raum hinterließen die Römer den Limes[2] – einen über 550 km reichenden, befestigten Grenzwall zwischen dem Oberrhein und der Donau.

Archäologen und andere Personen stießen bei ihren Forschungen auf unzählige Gegenstände aus der Zeit der Römer. Zu den Hinterlassenschaften der Römer im deutschen Raum zählen:

Straßen, Wege	
Wasserleitungen (= Aquädukte)	aqua (lat.) = Wasser + ducere (lat.) = führen
Thermen (= warme Bäder)	thermos (griech.) = warm, heiß
Kastelle (= Festungen)	castellum (lat.) = befestigte Anlage
Statuen (= Standfiguren)	statua (lat.) = Standbild, Bildsäule
Amphitheater (= Theater im Freien)	amphi (griech.) = auf allen Seiten, um ... herum + theatron (griech.) = Schauspielhaus
...	

Oftmals werden auch noch heutzutage u. a. bei Grabungsarbeiten Materialien aus der römischen Zeit entdeckt. Es sind beispielsweise Münzen, Waffen, Töpferwaren, Schmuck, Baureste und vieles andere mehr. In diversen deutschen Museen sind etliche Funde aus der Römerzeit ausgestellt und damit zu sehen. In Köln besteht u. a. das Römisch-Germanische Museum.

Römische Wasserleitung zum Transport aus der Eifel nach Köln, Teilstück östlich von Breitenbenden, ca. 40 km westlich von Bonn, mit vielen Einstiegsschächten zur Wartung

[1] *provincia (lat.) = unterworfenes und verwaltetes Gebiet außerhalb Italiens*
[2] *limes (lat.) = Grenze, Grenzlinie*

6 Spuren der Römer in Deutschland

Aufgabe: *Ergänze die fehlenden Angaben.*

1. *Gebiete in diesen Teilen Deutschlands gehörten ehemals zum Römischen Reich:*

   ____

2. *Die Römer bezeichneten als Provinzen:*

   ____

3. *Aus römischen Städten, Ansiedlungen oder Militärlagern entstanden deutsche Städte wie z. B.:* ______________________

4. *Das war der Limes:* ______________________

5. *Von dort nach dort verlief der Limes:* ______________________

6. *3 Hinterlassenschaften der Römer im deutschen Raum sind u. a.:*

   ____

7. *Unter einem Aquädukt versteht man:* ______________________

8. *Dies wird eine Therme genannt:* ______________________

9. *Ein Amphitheater ist:* ______________________

10. *Unter anderem dieses Museum befindet sich in Köln:*

    ____

Rekonstruktion des römischen Köln um 200 bis 300 n.Chr.

Archäologie – Kurz, knapp und klar!
Schnelles und zielgerichtetes Wissen – Bestell-Nr. 13 103

7 Metalldetektoren

In der Archäologie kommen auch Metalldetektoren[1] zum Einsatz. Metalldetektoren sind Geräte, die metallhaltige Gegenstände (z. B. im Erdboden) aufspüren. Ein anderes, gleichbedeutendes Wort für Metalldetektoren lautet Metallsonden. Aus dem lateinischen Wort subundare (= untertauchen) ging später das französische Wort Sonde hervor. Manchmal benutzt man für die Bezeichnung Metalldetektoren ebenfalls den Begriff Metallsensoren.[2]

Es gibt unterschiedliche Metalldetektoren. Manche Metalldetektoren entdecken metallhaltige Gegenstände im Erdboden in bis zu ca. 1 m Tiefe. Andere finden Metallhaltiges im Erdboden in bis zu etwa 5-6 m Tiefe. Metalldetektoren zeigen größere metallhaltige Gegenstände eher an als kleinere.

Die Metalldetektoren funktionieren wie elektrische Magnete. Dabei fließt elektrischer Strom durch ein Magnetfeld. Metallhaltiges verändert dieses Magnetfeld. Dies registrieren die Metalldetektoren und teilen es durch piepende Töne mit …

Aufgabe: *Fragen und Antworten*
Überlege dir und notiere 5 Fragen bezogen auf den vorherigen Text. Gib dann deine Fragen einem anderen Schüler zur Beantwortung. Du erhältst ein Blatt mit seinen 5 Fragen, die du beantworten sollst.

Frage 1: ______________________________

____

Frage 2: ______________________________

____

Frage 3: ______________________________

____

Frage 4: ______________________________

____

Frage 5: ______________________________

____

Beantworte die Fragen auf einem Extrablatt.

[1] *detegere (lat.) = aufdecken, verraten*
[2] *sensus (lat.) = Sinn, Wahrnehmung*

KOHL VERLAG Archäologie – Kurz, knapp und klar! Schnelles und zielgerichtetes Wissen – Bestell-Nr. 13 103

8 Bodenradare

Aufgabe: *Im nachfolgenden Text fehlen Verben. Setze passende Verben ein. Eine Lösungshilfe findest du unten auf der Seite.*

1. Archäologen ______________ ebenfalls mit Hilfe von Bodenradaren.
2. Bodenradare sind Geräte, die mittels elektromagnetischer Wellen ______________.
3. Die Geräte sind imstande, Gegenstände im Erdboden bis in einige Meter Tiefe zu ____________________, ohne dass nach ihnen gegraben werden muss.
4. Im Erdboden ______________ Bodenradare auch nichtmagnetische Objekte fest.
5. Bodenradare __________________ die Lage, Tiefe, Formen sowie Größen der jeweiligen Objekte.
6. Die Bezeichnung Radar ______________ aus der englischen Sprache.
7. Das Wort Radar ____________________ als Kurzwort für „**r**adio **d**etection **a**nd **r**anging“ (= Ortung per Funk und Messen des Abstandes).
8. Für Bodenradar ______________ man auch den Begriff Georadar[1].
9. Ergebnisse der Untersuchungen durch Bodenradare ____________________ sich u. a. verwenden zur Erstellung von kleinen Modellen, z. B. nicht mehr existierender Häuser, Schlösser …
10. Die Resultate der Untersuchungen per Bodenradar können auch ________________ als Vorbereitung für mögliche Ausgrabungen der damit entdeckten Gegenstände bzw. deren Reste.

Einsatz von Bodenradar für archäologische Messungen, beim Neptunbrunnen, Marienkirche, Berlin-Mitte

Lösungshilfe: einsetzbare Verben in alphabetischer Reihenfolge:
arbeiten – benutzt – dienen – forschen – kartieren – lassen – orten – stammt – steht – stellen

[1] *ge (griech.) = Erde*

Archäologie – Kurz, knapp und klar! Schnelles und zielgerichtetes Wissen – Bestell-Nr. 13 103
KOHL VERLAG

9 Luftbildarchäologie

Aufgabe 1: **a)** *Verbinde die Satzanfänge mit den richtigen Satzenden, indem du die Nr. des Satzanfangs auch vor das Satzende schreibst. Richtig geordnet ergeben die Buchstaben ganz rechts das Lösungswort:*

_ _ _ _ _ _ _ _ _ _

Nr.	Satzanfänge
1	Die Luftbildarchäologie verwendet
2	Dabei handelt es sich meistens um Bilder, die aus
3	Die Luftbilder können unterschiedlich
4	Noch relativ jung ist die Luftbildarchäologie,
5	Luftbildarchäologen werten die
6	Diese Fachexperten forschen auf den Luftbildern nach
7	Die Wissenschaftler achten auf den Luftbildern
8	Unter anderem gibt unterschiedlich starkes Wachstum
9	Anhand des jeweiligen Pflanzenwachstums lässt sich annehmen,
10	Bei Anzeichen für eine frühere Besiedlung könnten noch Reste

Nr.	Satzenden	
	Aufnahmen sehr gründlich aus.	R
	große Flächen erfassen und darstellen.	B
	davon unter der Erdoberfläche liegen und zu finden sein.	T
	Flugzeugen, Hubschraubern, Drohnen oder Satelliten aufgenommen wurden.	E
	insbesondere auf Verfärbungen des Erdbodens.	I
	der Pflanzen den Forschern Hinweise.	C
	Luftbilder zum Finden von uralten Dingen.	U
	ob bzw. inwieweit die jeweilige Fläche von Menschen schon besiedelt und bearbeitet worden ist.	H
	aber durchaus erfolgreich.	E
	Anzeichen für menschliche Besiedlungen aus früheren Zeiten.	S

b) *Schreibe die 10 Sätze in dieser Reihenfolge vollständig auf ein Extrablatt.*

Verschiedene Merkmale machen im Boden verborgene alte Denkmäler sichtbar, wenn sie aus der Luft in relativ großer Entfernung fotografiert werden. Besonders wichtig ist das Bewuchsmerkmal in zwei Ausprägungen.

Positives Bewuchsmerkmal:

Ehemalige Vertiefungen wie u. a. Gräben wurden viel später mit organischen Stoffen aufgefüllt und ergeben in der Gegenwart einen besseren Nährboden. Dort beobachtet man höheren und grüneren Pflanzenwuchs.

Negatives Bewuchsmerkmal:

Ehemalige Mauerfundamente, Fußboden- oder Straßenpflasterung behindern das Durchdringen der Wurzeln zum Nährboden und führen zu Austrocknung. Dort beobachtet man niedrigeren und gelblichen Pflanzenwuchs.

KOHL VERLAG Archäologie – Kurz, knapp und klar! Schnelles und zielgerichtetes Wissen – Bestell-Nr. 13 103

9 Luftbildarchäologie

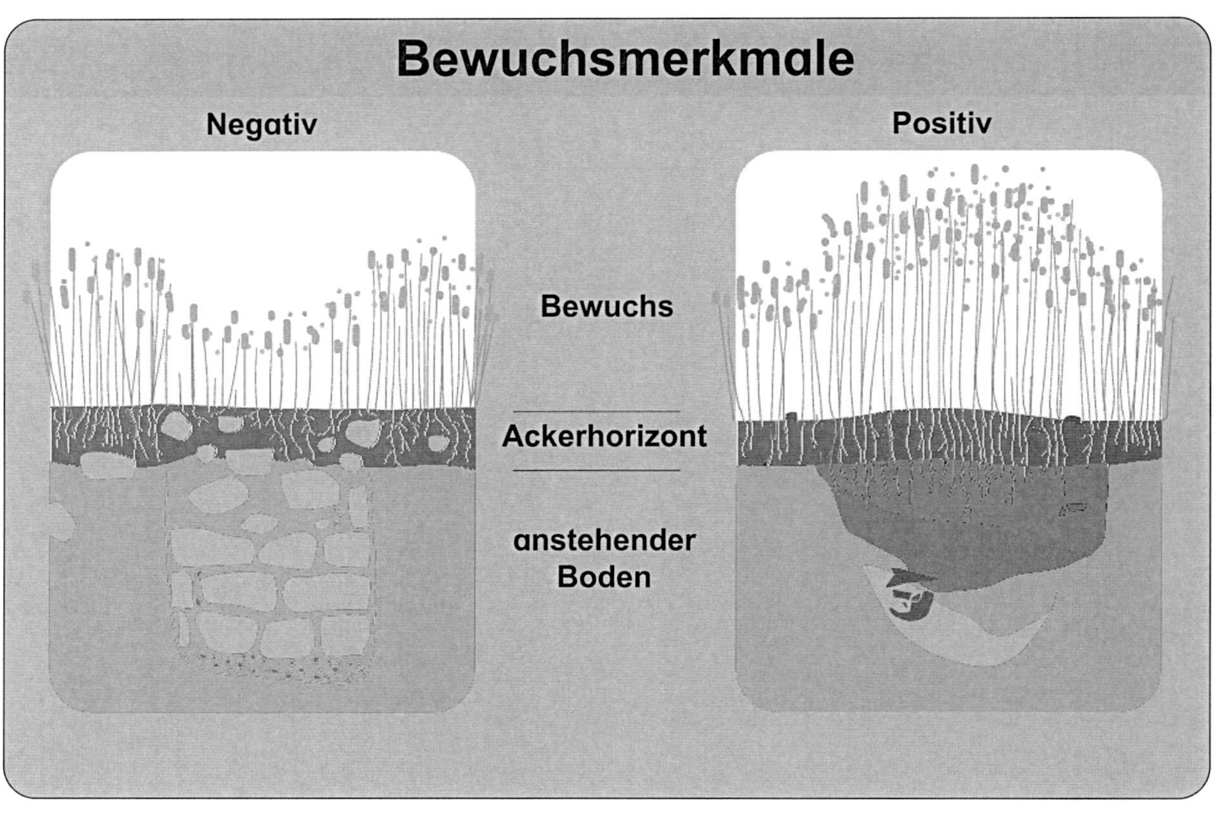

Aufgabe 2: *Ergänze unten im Bild P für positives und N für negatives Bewuchsmerkmal.*

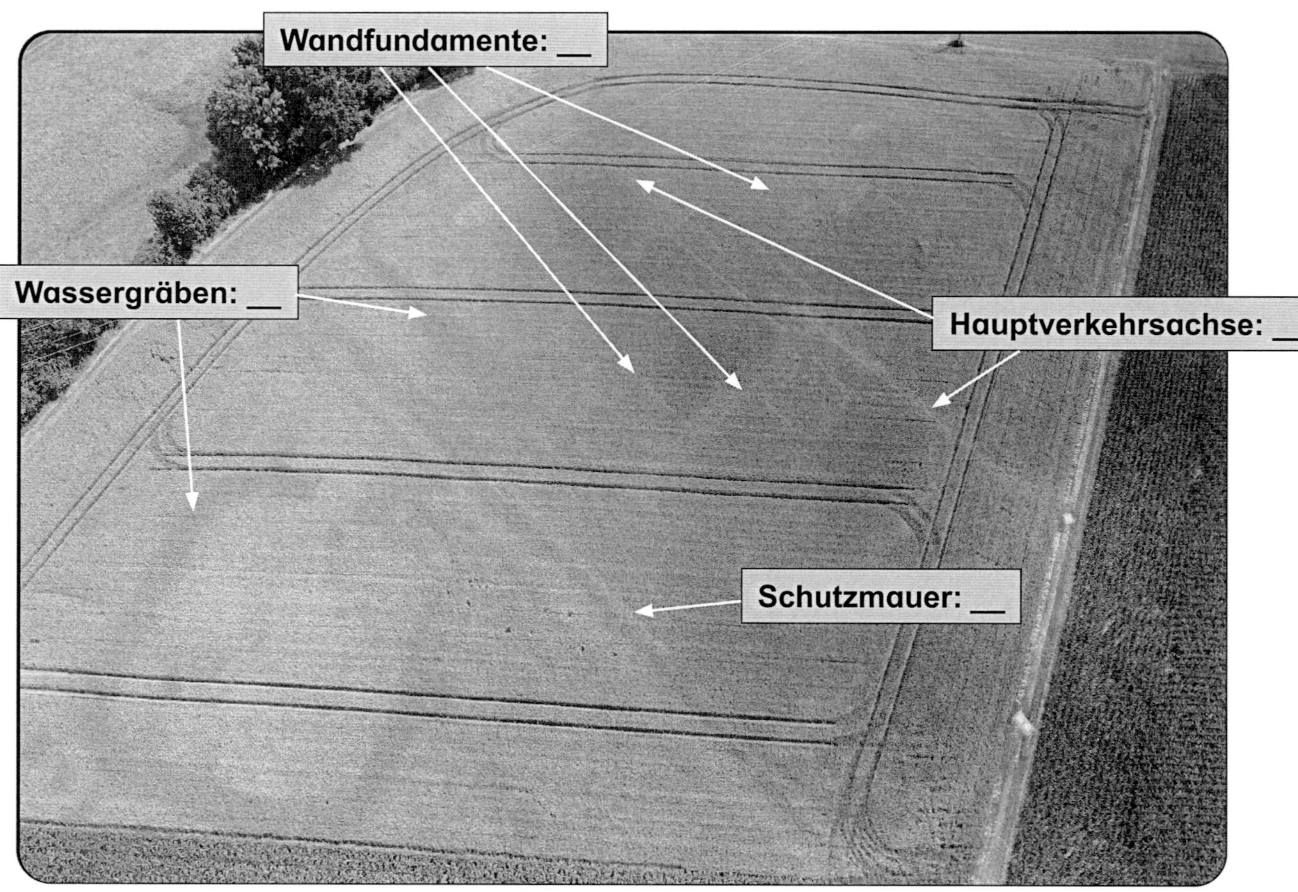

Römisches Kastell (für ca. 200 Soldaten) Inheiden, vom 3.07.2020

Archäologie – Kurz, knapp und klar! Schnelles und zielgerichtetes Wissen – Bestell-Nr. 13 103
KOHL VERLAG

10 Unterwasserarchäologie

Die Unterwasserarchäologie forscht nach (ur)alten Dingen, die sich unter dem Wasserspiegel befinden. Diese archäologischen Forschungen werden durchgeführt in Höhlen, Brunnen, Flüssen, Binnenseen, Mooren, Meeren … Bei archäologischen Forschungen in Meeren wird bisweilen auch von Meeresarchäologie gesprochen.

In der Unterwasserarchäologie wurden vielfältige Gegenstände ausfindig gemacht wie z. B. Einbäume, Schiffswracks, Waffen, Alltagsgegenstände und vieles andere mehr. Man entdeckt(e) ehemalige menschliche Siedlungen oder Reste davon, die vom Wasser (z. B. aufgrund von Sturmfluten) zerstört und überschwemmt wurden, z. B. die Siedlung Rungholt vor der heutigen Nordseeküste.

Archäologische Funde unter Wasser sind in der Regel besser erhalten als solche auf dem Land. Des Öfteren überdecken Sedimente[1] (= Ablagerungen) im Wasser die jeweiligen Gegenstände.

Hinweise auf Gegenstände unter dem Meeresspiegel (= Wasserspiegel) erhalten die Forscher u. a. mit Hilfe von Echoloten. Mit Echoloten lassen sich Tiefenmessungen mittels Schallwellen vornehmen. Das Finden und Bergen von Gegenständen aus dem Wasser ist oft schwierig. Das Tauchen der Taucher und Suchen ist nicht ungefährlich. In jüngster Zeit werden in der Unterwasserarchäologie zunehmend Tauchroboter eingesetzt.

An der Küste Portugals: Bergung von Wrackteilen eines um ca. 1600 gesunkenen Schiffes, das unter anderem Pfeffer geladen hatte

[1] *sedimentum (lat.) = Bodensatz*

Archäologie – Kurz, knapp und klar! Schnelles und zielgerichtetes Wissen – Bestell-Nr. 13 103
KOHL VERLAG

10 Unterwasserarchäologie

Aufgabe: *Beantworte schriftlich:*

1. Wo finden Forschungen der Unterwasserarchäologie statt?

   ____

   ____

2. Nenne verschiedene Funde der Unterwasserarchäologie.

   ____

   ____

3. Führe ein Beispiel an, wie menschliche Siedlungen unter Wasser geraten und zerstört worden sind. ______________________

   ____

4. Wodurch werden manche Gegenstände im Wasser überdeckt?

   ____

5. Wozu dienen Echolote in der Unterwasserarchäologie?

   ____

6. Welche technische Erfindung wird neuerdings mehr und mehr in der Unterwasserarchäologie eingesetzt? ______________________

Die Mary Rose, ein englisches Kriegsschiff, sank 1545. Das Wrack wurde 1982 geborgen.

Behandlung des Wracks der Mary Rose mit Polyethyleneglycol zur Konservierung

KOHL VERLAG Archäologie – Kurz, knapp und klar! Schnelles und zielgerichtetes Wissen – Bestell-Nr. 13 103

11 Archäologische Funde von A bis Z

Aufgabe 1: *Stelle dir vor, du bist Archäologe. Zu jedem Buchstaben von A bis Z (außer X und Y) gibt es im Kreuzworträtsel jeweils einmal Dinge (Mehrzahl!), die du „ausgraben“ sollst, indem du die fehlenden Buchstaben sichtbar machst.*

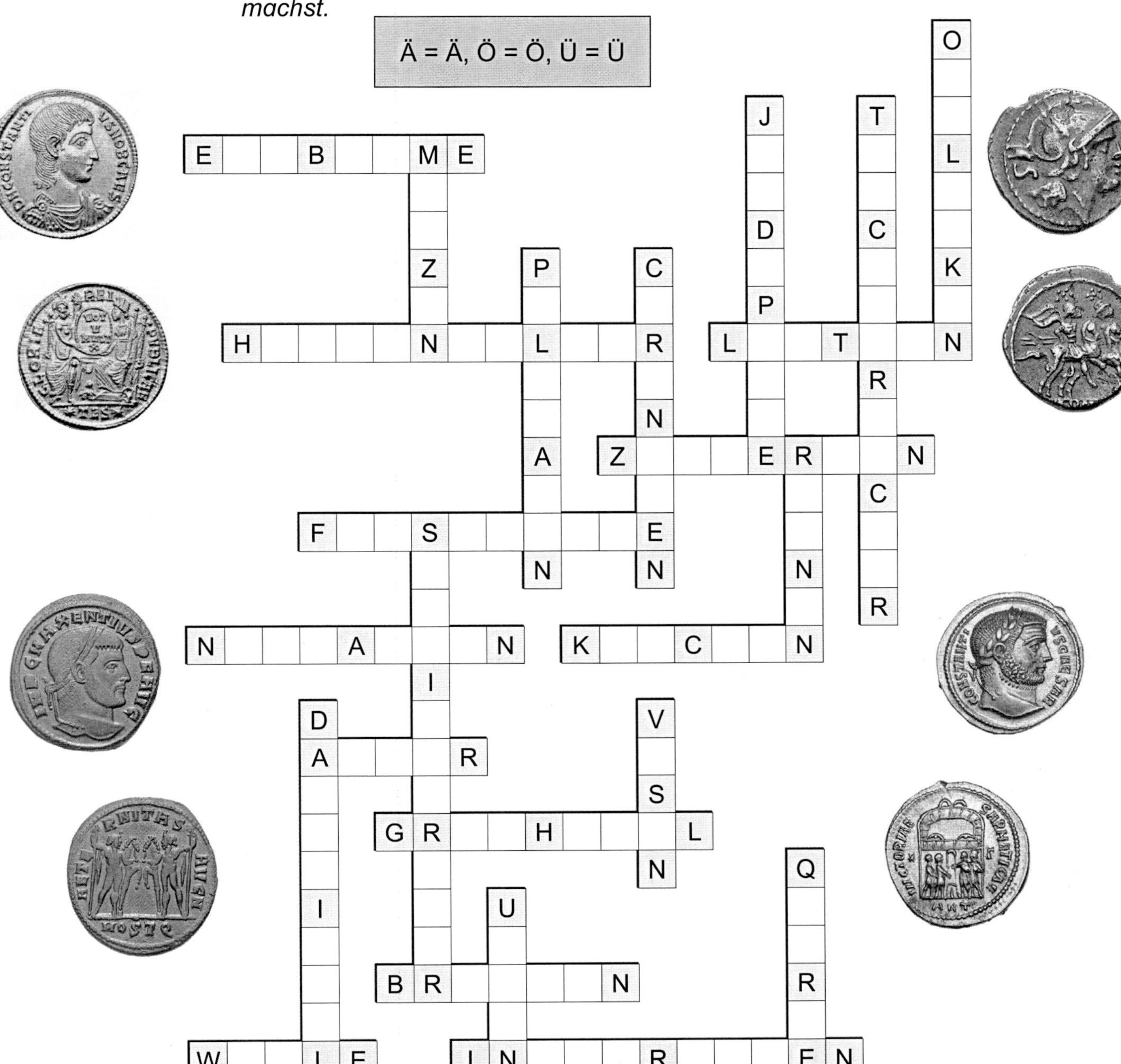

Aufgabe 2: *Welche weiteren archäologischen Funde fallen dir ein? Notiere sie.*

____

____

____

____

____

____

Archäologie – Kurz, knapp und klar! Schnelles und zielgerichtetes Wissen – Bestell-Nr. 13 103
KOHL VERLAG

12 Wie heißt der Fund? Ein Ratespiel

Spielvorbereitung:

Jeder Schüler wählt allein und in Gedanken einen realen archäologischen Fund aus. Anschließend notiert jeder Schüler zum jeweiligen Fund 5 kurze Hinweise. Der 1. Hinweis soll sehr grob sein. Die weiteren 4 Hinweise sollen mehr aussagen.

Beispiel:

1. Der Gegenstand stammt aus der Zeit v. Chr.
2. Der Fund ist etwas über 20 cm lang.
3. Aus einem Knochen eines Tieres besteht der Fund.
4. Mit dem Gegenstand wurde in frühen Zeiten musiziert.

Gesuchte Bezeichnung des Fundes: Flöte

Spielregeln:

Im Verlauf des Ratespiels wechseln sich die Schüler ab: Einer ist jeweils der Hinweisgeber und die anderen müssen raten. Nach dem Erraten des Fundes wird ein anderer zum Hinweisgeber, jeder kommt einmal an die Reihe.

Dieser Schüler gibt maximal 5 Hinweise zu einem archäologischen Fund. Die übrigen Schüler müssen anhand der Hinweise die Bezeichnung (= den Namen) des Fundes erraten.

Punktwertung:

Für das Erraten der Bezeichnung gibt es Punkte, die notiert werden:

- Erraten nach dem 1. Hinweis → 5 Punkte;
- Erraten nach dem 2. Hinweis → 4 Punkte;
- Erraten nach dem 3. Hinweis → 3 Punkte;
- Erraten nach dem 4. Hinweis → 2 Punkte;
- Erraten nach dem 5. Hinweis → 1 Punkt

Spielsieg:

Gewinner des Spiels ist der Schüler, der schließlich die meisten Punkte errungen hat.

Spielvariation:

Nicht sich abwechselnde Schüler, sondern die Lehrkraft gibt immer Hinweise zu archäologischen Funden.

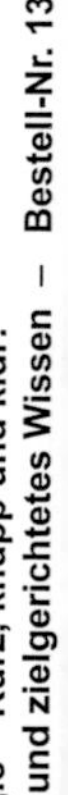
Archäologie – Kurz, knapp und klar!
Schnelles und zielgerichtetes Wissen – Bestell-Nr. 13 103

13 Altersbestimmungen der archäologischen Funde

Normalerweise ist das, was in tiefer gelegenen Erdbodenschichten gefunden wird, älter als Funde in darüber gelegenen Schichten (= relative Altersbestimmung). Genauere Altersbestimmungen erfordern jedoch großen Aufwand, d. h. Untersuchungen in Laboren[1] (= wissenschaftlichen Werkstätten).

Zur Bestimmung des Alters u. a. von archäologischen Funden gibt es diverse, ja zahlreiche Verfahren. Angewendet werden u. a. radiometrische[2] Altersbestimmungen, d. h. Messungen von Strahlung. Damit ist gemeint: Aus der konstanten Zerfallsdauer von radioaktiven Stoffen kann man das Alter ermitteln.

Zu den radiometrischen Altersbestimmungen zählt die Radiokarbon-Methode[3], die auch C14-Methode[4] genannt wird. Mit dem Tod von Lebewesen bleiben organische Materialien wie z. B. Knochen zurück. Darin zerfällt der Anteil des radioaktiven Kohlenstoff-Isotops[5] C14 regelmäßig. Isotope sind Atomkerne eines Elements mit gleicher Protonen- und Elektronenzahl, aber unterschiedlicher Anzahl von Neutronen. Der Anteil von radioaktiven C14-Isotopen verringert sich mit einer Halbwertszeit von etwa 5730 Jahren. Dies bedeutet: Nach ca. 5730 Jahren beträgt der Anteil von C14 nur noch die Hälfte. Anhand des noch vorhandenen Anteils von C14 lässt sich errechnen, vor wie vielen Jahren das jeweilige Lebewesen (z. B. ein Mensch) gestorben ist. Mit Hilfe der Radiokarbon-Methode kann man das Alter von verstorbenen Lebewesen bis zu ungefähr 50.000 Jahre zurück feststellen.

Die Kalium-Argon-Methode dient zur Altersdatierung von mehr als etwa 50.000 Jahre alten Materialien. Bei dieser Methode ist es möglich, aus dem jeweiligen Verhältnis des radioaktiven Kalium-Isotops K40 und dem Edelgas Argon das Alter von in vulkanischen Ablagerungen enthaltenen Materialien auszurechnen.

Die wissenschaftliche Altersdatierung von Holz bezeichnet man als Dendrochronologie[6]. Die Jahresringe in gefundenen Hölzern geben Hinweise zur Altersbestimmung. Durch Vergleiche wurden sogenannte „Baumringkalender" erstellt, in die sich gefundene Hölzer zeitlich einordnen lassen.

Auch die Analyse fossilen[7] Blütenstaubs kann beisteuern zur Altersdatierung archäologischer Funde …

Aufgabe: *Notiere, was du dir zum Thema „Altersbestimmungen der archäologischen Funde" merkst.*

___

___

___

___

___

___

[1] *labor (lat.) = Arbeit, Mühe, Werk*
[2] *radius (lat.) = Strahl + metrikos (griech.) = auf das Messen bezogen*
[3] *carbo (lat.) = Kohle*
[4] *C = Symbol für das Element Kohlenstoff*
[5] *isos (griech.) = gleich + topos (griech.) = Ort*
[6] *dendron (griech.) = Baum + chronos (griech.) = Zeit + logos (griech.) = Lehre, Kunde*
[7] *analysis (griech.) = Auflösung + fossilis (lat.) = ausgegraben*

Archäologie – Kurz, knapp und klar!
Schnelles und zielgerichtetes Wissen – Bestell-Nr. 13 103
KOHL VERLAG

14 Zustand von archäologischen Funden

Auf der Erde kam und kommt es zu zahlreichen archäologischen Entdeckungen an verschiedenen Stellen. Manche Funde sind relativ gut erhalten, demgegenüber andere jedoch schlechter.

Wie Funde erhalten sind, wird stark durch die jeweilige Umgebung beeinflusst. Grob lässt sich sagen: Bei Kälte oder Hitze sind die meisten Materialien besser erhalten. Die Erosion, die Verwitterung und Verwesung wirken sich auf den Zustand der Materialien aus.

- Erosion[1] = Auswaschung, Abtragung durch Wasser und Wind;
- Verwitterung = Zersetzung von Gestein, Steinen …
- Verwesung = Zersetzung von organischen Materialien durch Bakterien, Pilze …

Von Leichen sind oft nur noch Teile des Skeletts oder lediglich wenige Knochen erhalten. Doch z. B. einige Moorleichen sind jedoch teilweise gut konserviert[2]. Sie weisen auch noch Haut, Haare, Muskeln, Fingernägel … auf. Dies ist zurückzuführen auf in bestimmten Mooren vorhandene Säuren (Huminsäuren) sowie das Abgeschlossensein von Luftzufuhr.

Grundsätzlich gilt es, bereits bei der Bergung und auch danach mit archäologischen Funden sehr behutsam umzugehen. In der Archäologie werden sie u. a. mit Konservierungsmitteln behandelt.

Eine weitere Möglichkeit, zumindest dazu beizutragen, die im Fund enthaltene Aussagekraft und Bedeutung wiederzugeben oder sogar zu verstärken, besteht in der (versuchsweisen) Nachbildung des Fundes. Diese dient dann oft dazu, den angenommenen Gebrauch des Gegenstandes zumindest nachzustellen, während das empfindliche Original geschont wird.

Aufgabe: *Fasse den Inhalt des Textes „Zustand von archäologischen Funden" in eigenen Sätzen zusammen.*

____

____

____

____

____

____

____

____

____

____

[1] *erosio (lat.) = Zernagung*
[2] *conservare (lat.) = erhalten, bewahren*

15 Ötzi, der Mann aus dem Eis

Aufgabe: **a)** *Verbinde die Satzanfänge mit den richtigen Satzenden, indem du die Nr. des Satzanfangs auch vor das Satzende schreibst. Richtig geordnet ergeben die Buchstaben ein Ereignis in Ötzis Leben:*

__ __ __ __ __ __ __ __ __ __

Nr.	Satzanfänge
1	1991 wurde in den Ötztaler Alpen
2	Die späte Jungsteinzeit nennt
3	Die C14-Methode ergab den Todeszeitpunkt
4	Wegen der natürlichen Gefriertrocknung im Gletscher
5	Ötzi war vor dem Schrumpfen durch Gefrieren ca. 1,60 groß
6	Seine Bandscheiben waren abgenutzt und die linke
7	Die 61 einzelnen blau-schwarzen Tätowierungen
8	Rätselhaft sind dabei parallele Linien im Lenden-bereich, Streifen um seinen
9	Gallensteine, Arteriosklerose, erhöhter Cholesterinspiegel,
10	Nach einer neuen Unter-suchung im Jahr 2023 stimmt sein Erbgut zu 91 %

Nr.	Satzenden	
	gehören zu den ältesten bisher entdeckten weltweit.	A
	ist die Mumie fast unversehrt und vollständig.	N
	von ca. 3200/3300 v.Chr.	R
	rechten Fußknöchel und ein Kreuz hinter dem rechten Knie.	U
	mit jenem der frühen europäischen Ackerbauern überein.	A
	eine Gletschermumie aus der späten Jungsteinzeit entdeckt.	H
	und bei seinem Tod ca. 45 Jahre alt.	T
	Karies, Borreliose … konnten als Ötzis Krankheiten nachgewiesen werden.	M
	man auch Kupfersteinzeit.	I
	Schulter durch einen Pfeilschuss verletzt worden.	R

b) *Schreibe die 10 Sätze in dieser Reihenfolge vollständig auf ein Extrablatt.*

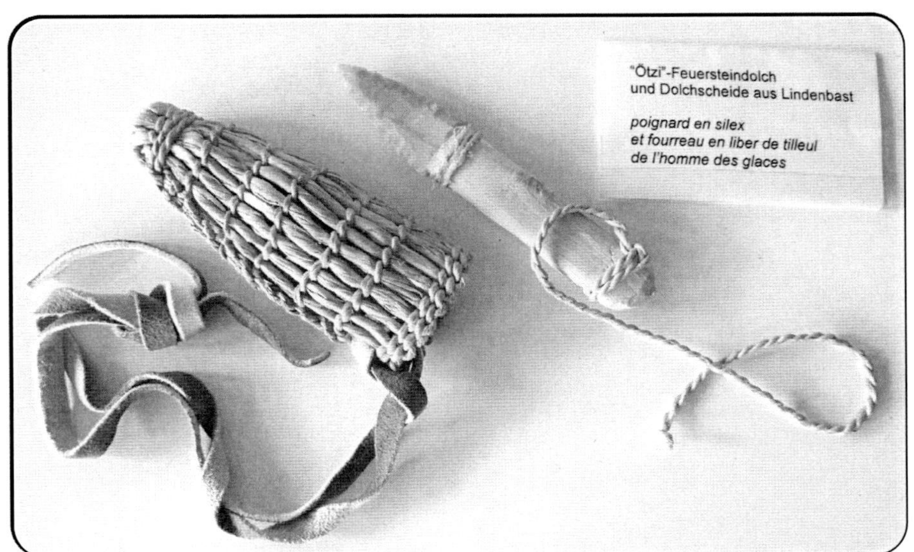

Rekonstruktion von Ötzis Dolch mit Scheide

16 Archäologen, Grabungstechniker, Grabungshelfer, Hobbyarchäologen und der Besitz von archäologischen Funden

Wer heutzutage in Deutschland den Beruf des Archäologen ergreifen möchte, muss studieren und dieses Studium erfolgreich abschließen. Die einen Archäologen sind tätig in staatlichen Diensten, z. B. als Kreisarchäologen zuständig für ein bestimmtes Gebiet. Andere Archäologen arbeiten in der Privatwirtschaft.

In der Archäologie kann man aber auch als Grabungstechniker berufstätig sein. Dies setzt eine entsprechende Ausbildung voraus. Des Öfteren werden Grabungshelfer gesucht.

Als Hobbyarchäologen gelten Personen, die in ihrer Freizeit versuchen, archäologische Funde ausfindig zu machen. Nicht wenige Hobbyarchäologen (genannt „Sondengänger") suchen mit Metalldetektoren (= Metallsonden) nach Materialien aus der Vergangenheit. Dabei hoffen manche „Sondengänger", möglicherweise archäologische Schätze zu entdecken. In den meisten deutschen Bundesländern benötigen die „Sondengänger" die Erlaubnis (= Lizenz[1]) zum Suchen.

Archäologische Funde sind zu melden an das jeweilige Denkmalamt bzw. dessen untergeordnete Behörde bzw. an ein nahegelegenes Museum. Grundsätzlich gehören archäologische Funde in Deutschland dem Staat. Von Bundesland zu Bundesland ist der Besitz von archäologischen Funden im Einzelnen jedoch unterschiedlich geregelt.

Aufgabe: **a)** *Kreuze auf der Skala an, was auf dich zutrifft: Wie ist dein Interesse an der Archäologie?*

0	1	2	3	4	5	6	7	8	9	10
kein oder wenig Interesse				mittleres Interesse				(sehr) großes Interesse		

b) *Möchtest du später gern im Bereich der Archäologie berufstätig werden (z. B. als Archäologe, Grabungstechniker, Restaurator[2] ...)? Warum bzw. warum nicht?*

____

____

____

____

____

____

[1] *licentia (lat.) = Erlaubnis*
[2] *restauratio (lat.) = Erneuerung, Wiederherstellung*

17 Die Himmelsscheibe von Nebra

Aufgabe: **a)** *Ordne die 10 Sätze durch Nummerieren mit den Zahlen von 1 bis 10.*

	Im Jahr 2002 gelangte die Scheibe mit Hilfe der Polizei in den Besitz des Landesmuseums für Vorgeschichte in Halle an der Saale.
	Deshalb kam die Bezeichnung Himmelsscheibe von Nebra zustande.
	Später wurden diese archäologischen Funde von Hehlern weiterverkauft.
	Die Himmelsscheibe von Nebra gilt als ein überaus wertvolles Kunstwerk aus der Vergangenheit.
	Auf der Scheibe sind verschiedene Himmelskörper aus Bronze und Gold dargestellt.
	Zwei Männer stießen im Jahr 1999 in der Nähe der im Bundesland Sachsen-Anhalt gelegenen kleinen Stadt Nebra per Metalldetektor u. a. auf eine Scheibe.
	Von der UNESCO[1] wurde die Himmelsscheibe von Nebra 2013 zum Weltkulturerbe erklärt.
	Unerlaubterweise verkauften sie die Scheibe und sonstige Funde an einen Hehler (= Händler auf dem Schwarzmarkt).
	Man zählt die Himmelsscheibe von Nebra zu den Artefakten[2].
	Wissenschaftler kamen zu dem Ergebnis, dass es sich bei der Scheibe (Gewicht ca. 2,3 kg, Durchmesser etwa 32 cm) um einen sehr bedeutsamen, mindestens rund 3600 Jahre alten Fund aus der Bronzezeit handelt.

b) *Schreibe die 10 Sätze in der richtigen Reihenfolge auf ein Extrablatt.*

Archäologie – Kurz, knapp und klar! Schnelles und zielgerichtetes Wissen – Bestell-Nr. 13 103

[1] UNESCO = United Nations Educational Scientific and Cultural Organization = Organisation der Vereinten Nationen für Erziehung, Wissenschaft und Kultur
[2] arte factum (lat.) = mit Kunst gemacht

18 Ein Puzzle

Des Öfteren finden Archäologen, Grabungstechniker, Grabungshelfer … im Erdboden nur Teile (z. B. Bruchstücke) von uralten Gegenständen wie u. a. von Tongefäßen. Später müssen diese Teile – wenn möglich – mühsam zusammengefügt werden.

Aufgabe: *Schneide die folgenden Puzzleteile (= Bruchstücke) sorgfältig aus. Setze danach die Puzzleteile genau zusammen und klebe sie schließlich auf einem leeren Blatt Papier (Größe DIN A4) auf.*

Archäologie – Kurz, knapp und klar! Schnelles und zielgerichtetes Wissen – Bestell-Nr. 13 103
KOHL VERLAG

19 Spiel mal Archäologe! Ein Suchspiel

Spielerzahl:

möglichst 2, 3 oder 4 Spieler

Spielmaterialien:

insgesamt 48 Spielkarten (siehe Vorlagen S. 28-31), diese teilen sich auf in:

18 Bildkarten, 18 Textkarten und 12 Blankokarten

Hinweis: Per Fotokopierer lassen sich die Vorlagen auf einen stabileren Untergrund übertragen. Danach sind die Spielkarten einzeln auszuschneiden.

Spielvorbereitung:

Die insgesamt 48 Spielkarten werden gründlich gemischt und anschließend mit der Rückseite nach oben auf einer Spielfläche (z. B. Tisch) nebeneinanderausgelegt. Die Spieler setzen sich um die Spielfläche herum hin.

Spielregeln:

Im Spiel kommt es für die Spieler darauf an, möglichst viele zusammengehörende Kartenpaare (jeweils 1 Bildkarte und 1 Textkarte) zu finden. Im Verlauf des Spiels sind die Spieler abwechselnd an der Reihe. Wer dran ist, darf nacheinander 2 Spielkarten aufdecken. Bilden die 2 aufgedeckten Spielkarten ein zusammen gehörendes Kartenpaar, darf der Spieler diese in seinen Besitz nehmen. Werden 2 nicht zusammen gehörende Spielkarten aufgedeckt, müssen diese an denselben Stellen wieder mit der Rückseite nach oben hingelegt werden.

Aufgedeckte Blankokarten sowie nicht zusammengehörende Bild- und Textkarten gelten als Misserfolge beim „Suchen nach archäologischen Funden".

Gespielt wir so lange, bis alle zusammengehörenden Kartenpaare gefunden worden sind.

Spielsieg:

Das Spiel gewinnt, wer schließlich die meisten Kartenpaare besitzt.

Spielvariationen:

- Wer nach Ablauf einer vor Spielbeginn vereinbarten Spielzeit die meisten Kartenpaare besitzt, ist Spielsieger.
- Der jeweils aktive Spieler darf pro Spielzug nicht 2, sondern 4 Spielkarten aufdecken.
- Das Spiel wird nur mit den 18 Bild- und 18 Textkarten ausgetragen, also ohne die 12 Blankokarten.
- ...

19 Spiel mal Archäologe! Ein Suchspiel

Bild- und Textkarten 1

Steinbeil	Einbaum	Wagenrad
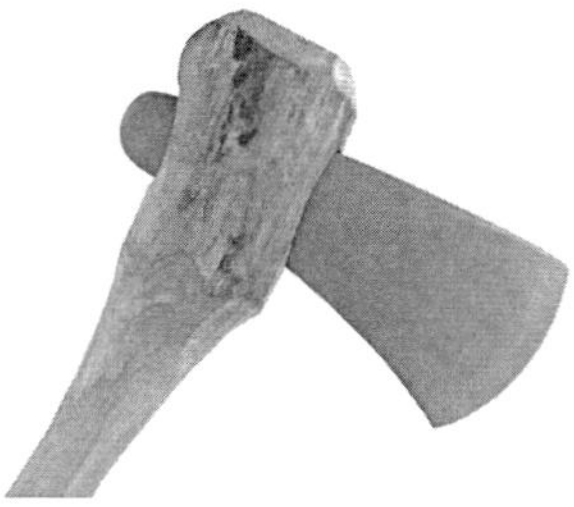		
Faustkeil	Tongefäß	Urne

KOHL VERLAG Lernen mit Erfolg
Archäologie – Kurz, knapp und klar!
Schnelles und zielgerichtetes Wissen – Bestell-Nr. 12 102

19 **Spiel mal Archäologe! Ein Suchspiel**

Bild- und Textkarten 2

Trinkhorn	Waage	Helm
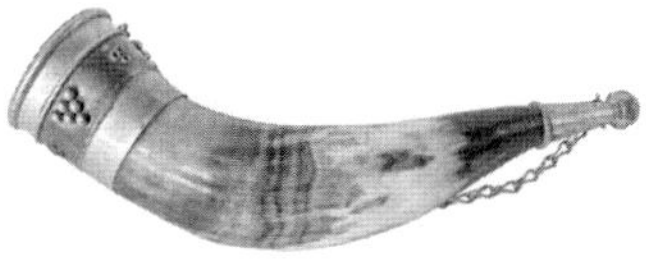		
Runenstein	**Sandalen**	**Schwert**

KOHL VERLAG Archäologie – Kurz, knapp und klar! Schnelles und zielgerichtetes Wissen – Bestell-Nr. 13 103

Spiel mal Archäologe! Ein Suchspiel

Bild- und Textkarten 3

Geschütz	**Pflug**	**Petroleumlampe**

Wohnstallhaus (Rekonstruktionsversuch, frühmittelalterlich)	**Kiste mit Münzen**	**Anker**

Archäologie – Kurz, knapp und klar!

Spiel mal Archäologe! Ein Suchspiel

Blankokarten

Archäologie – Kurz, knapp und klar!
Schnelles und zielgerichtetes Wissen – Bestell-Nr. 13 103

20 Wir besuchen ein Museum

Name des Museums:

____

Aufgabe:

a) *Nenne Beispiele von archäologischen Fundstücken, die in dem Museum zu sehen sind.*

b) *Ungefähr wie alt sind die Fundstücke?*

c) *Ordne die Funde jeweils in einen Zeitabschnitt auf der Zeitleiste ein* *(siehe S. 6).*

Bezeichnung des Fundstücks	ungefähres Alter	Zeitabschnitt

Archäologie – Kurz, knapp und klar!

21 Wir schnitzen kleine Einbäume

Zu den archäologischen Funden zählen auch Einbäume. Bei Einbäumen handelt es sich um Boote, deren Rumpf jeweils aus einem einzigen ausgehöhlten Baumstamm besteht. Daher kommt die Bezeichnung Einbaum. In Mitteleuropa gibt es Beweise für Einbäume seit der Mittleren Steinzeit (= ab etwa 9600 v.Chr.).

Aufgabe: *Stelle nach folgender Beschreibung einen kleinen Einbaum her.*

1. Suche in der Natur (Wald …) nach auf dem Erdboden liegenden dickeren Ästen von Bäumen.
2. Säge gerade aus einem Ast ein ca. 15 cm langes, rundes Teilstück heraus, das einen Durchmesser von ungefähr 4 cm aufweist.
3. Anschließend wird von oben das Teilstück ausgehöhlt, z. B. mit Hilfe eines Taschenmessers, Stechbeitels oder eines anderen verwendbaren Werkzeugs.
4. Das eine Ende des Holzstückes wird z. B. per Holzfeile zum spitzen Bug, das andere Ende zum gerundeten Heck des Einbaumes geformt.
5. Mit Schleifpapier lässt sich der kleine Einbaum polieren.
6. Schließlich wird überprüft, ob der Einbaum im Wasser schwimmt.

KOHL VERLAG Archäologie – Kurz, knapp und klar! Schnelles und zielgerichtetes Wissen – Bestell-Nr. 13 103

22 Entscheide dich – wähle Arbeitsaufträge aus

Aufgabe: *Suche dir 2 der anschließend genannten 3 Aufgaben* **a) - c)** *aus und bearbeite sie auf einem oder mehreren Extrablättern:*

a) *Notiere 10 Dinge in vollständigen Sätzen, die du über Archäologie sagen kannst.*

b) *Verfasse einen eigenen, zusammenhängenden Text in vollständigen Sätzen zum Thema Archäologie. Der Text sollte etwa 2 DIN A4-Seiten lang sein. Fasse darin das Wesentliche zum Thema zusammen.*

c) *Bereite dich allein oder zusammen mit einem anderen Schüler auf eine Präsentation zum Thema Archäologie vor. Die Präsentation sollte etwa 15 Minuten lang sein. Schreibe dir/Schreibt euch in Stichwörtern auf, was gesagt werden soll. Plane/Plant auch den Einsatz von Bildern in die Präsentation ein.*

23 Lösungen

1 Seite 5 - Archäologie (Einführung)

Aufgabe: Individuelle Lösungen

2 Seite 6 - Zeitleiste: Zeitabschnitte der Vergangenheit

Aufgabe:
a) bis ca. 3000 v. Chr.
b) von ca. 3000 v. Chr. bis ca. 500 n. Chr.
c) von ca. 1000 v. Chr. bis ca. 500 n. Chr.
d) von ca. 500 n. Chr. bis ca. 1450/1500 n. Chr.
e) ab ca. 1450/1500 n. Chr.

3 Seite 8 - Kurze Geschichte der Archäologie

Aufgabe:
a) richtig: 2, 3, 7, 8, 10
b)
1) Die Archäologie ist eine schon alte Wissenschaft.
4) Das Wort Antike kommt ursprünglich aus der lateinischen Sprache.
5) J. J. Winckelmann, der Begründer der klassischen Archäologie in Deutschland, lebte im 18. Jahrhundert.
6) Die alte Siedlung Troja liegt in der heutigen Türkei.
9) Durch Menschen wurden leider etliche archäologischen Funde zerstört oder beschädigt.

4 Seite 9 - Ausgrabungen

Aufgabe: **1.** Bedeutung; **2.** Erkenntnisse; **3.** Erdboden; **4.** Schicht; **5.** Vorsicht; **6.** Arbeitsgeräten; **7.** Pinsel; **8.** Millimeterarbeit; **9.** Ergebnisse; **10.** Bruchstücke

5 Seite 10 - Die Siedlung Heuneburg

Aufgabe: Individuelle Lösungen

6 Seite 12 - Spuren der Römer in Deutschland

Aufgabe: **1.** Gebiete im Westen, Südwesten und Süden Deutschlands; **2.** von ihnen unterworfene und verwaltete Gebiete außerhalb von Italien; **3.** Köln, Trier, Mainz, Speyer, Augsburg, Regensburg; **4.** ein über 550 km langer, befestigter Grenzwall; **5.** vom Oberrhein bis zur Donau; **6.** Straßen, Wasserleitungen, Kastelle; **7.** eine römische Wasserleitung; **8.** ein warmes Bad; **9.** ein Theater im Freien; **10.** das Römisch-Germanische Museum

7 Seite 13 - Metalldetektoren

Aufgabe: Individuelle Lösungen

8 Seite 14 - Bodenradare

Aufgabe: **1.** forschen; **2.** arbeiten; **3.** orten; **4.** stellen; **5.** kartieren; **6.** stammt; **7.** steht; **8.** benutzt; **9.** lassen; **10.** dienen

9 Seite 15 - Luftbildarchäologie

Aufgabe 1:
a) 5, 3, 10, 2, 7, 8, 1, 9, 4, 6; **U E B E R S I C H T**
b)
1. Die Luftbildarchäologie verwendet Luftbilder zum Finden von uralten Dingen.
2. Dabei handelt es sich meistens um Bilder, die aus Flugzeugen, Hubschraubern, Drohnen oder Satelliten aufgenommen wurden.
3. Die Luftbilder können unterschiedlich große Flächen erfassen und darstellen.
4. Noch relativ jung ist die Luftbildarchäologie, aber durchaus erfolgreich.
5. Luftbildarchäologen werten die Aufnahmen sehr gründlich aus.
6. Diese Fachexperten forschen auf den Luftbildern nach Anzeichen für menschliche Besiedlungen aus früheren Zeiten.
7. Die Wissenschaftler achten auf den Luftbildern insbesondere auf Verfärbungen des Erdbodens.
8. Unter anderem gibt unterschiedlich starkes Wachstum der Pflanzen den Forschern Hinweise.
9. Anhand des jeweiligen Pflanzenwachstums lässt sich annehmen, ob bzw. inwieweit die jeweilige Fläche von Menschen schon besiedelt und bearbeitet worden ist.
10. Bei Anzeichen für eine frühere Besiedlung könnten noch Reste davon unter der Erdoberfläche liegen und zu finden sein.

9 Seite 16 - Luftbildarchäologie

Aufgabe 2: Wandfundamente: N; Hauptverkehrsachse: N; Schutzmauer: N; Wassergräben: P

23 Lösungen

10 Seite 18 - Unterwasserarchäologie

Aufgabe: a) **1.** in Höhlen, Brunnen, Flüssen, Binnenseen, Mooren, Meeren; **2.** Einbäume, Schiffswracks, Waffen, Alltagsgegenstände; **3.** durch z. B. Sturmfluten; **4.** durch Sedimente (= Ablagerungen); **5.** um Tiefenmessungen durchzuführen; **6.** Tauchroboter

11 Seite 19 - Archäologische Funde von A bis Z

Aufgabe 1: siehe rechts

Aufgabe 2: Individuelle Lösungen

13 Seite 21 - Altersbestimmungen der archäologischen Funde

Aufgabe: Individuelle Lösungen

14 Seite 22 - Zustand von archäologischen Funden

Aufgabe: Individuelle Lösungen

15 Seite 23 - Ötzi, der Mann aus dem Eis

Aufgabe: a) 7, 4, 3, 8, 10, 1, 5, 9, 2, 6; **H I R N T R A U M A**

b)
1. 1991 wurde in den Ötztaler Alpen eine Gletschermumie aus der späten Jungsteinzeit entdeckt.
2. Die späte Jungsteinzeit nennt man auch Kupfersteinzeit.
3. Die C14-Methode ergab den Todeszeitpunkt von ca. 3200/3300 v.Chr.
4. Wegen der natürlichen Gefriertrocknung im Gletscher ist die Mumie fast unversehrt und vollständig.
5. Ötzi war vor dem Schrumpfen durch Gefrieren ca. 1,60 groß und bei seinem Tod ca. 45 Jahre alt.
6. Seine Bandscheiben waren abgenutzt und die linke Schulter durch einen Pfeilschuss verletzt worden.
7. Die 61 einzelnen blauschwarzen Tätowierungen gehören zu den ältesten bisher entdeckten weltweit.
8. Rätselhaft sind dabei parallele Linien im Lendenbereich, Streifen um seinen rechten Fußknöchel und ein Kreuz hinter dem rechten Knie.
9. Gallensteine, Arteriosklerose, erhöhter Cholesterinspiegel, Karies, Borreliose … konnten als Ötzis Krankheiten nachgewiesen werden.
10. Nach einer neuen Untersuchung im Jahr 2023 stimmt sein Erbgut zu 91% mit jenem der frühen europäischen Ackerbauern überein.

16 Seite 24 - Archäologen, Grabungstechniker, Grabungshelfer, Hobbyarchäologen und der Besitz von archäologischen Funden

Aufgabe: a) + b) Individuelle Lösungen

17 Seite 25 - Die Himmelsscheibe von Nebra

Aufgabe: a) 4, 7, 3, 8, 6, 1, 10, 2, 9, 5

18 Seite 26 - Ein Puzzle

Aufgabe: rechts: Bild zusammengesetzt

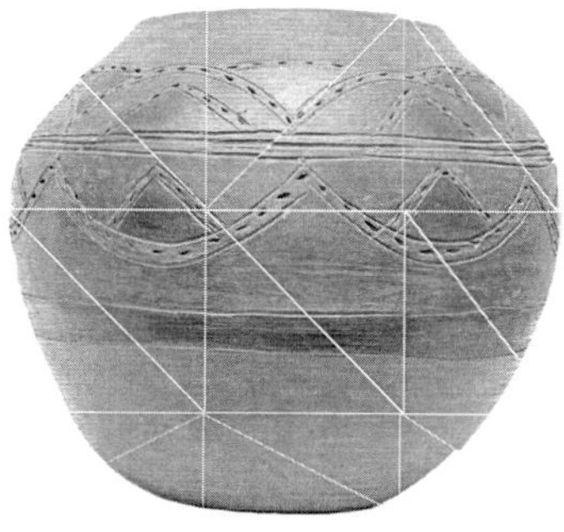

Restliche Aufgaben: Individuelle Lösungen